David Köhler

# EIN MINIMALER GUIDE ZUM MINIMALISMUS

# Inhalt

# Vorwort

Stellen Sie sich vor, wie Sie nach einem langen und anstrengenden Arbeitstag nach Hause kommen. Die Tür fällt hinter Ihnen ins Schloss, und Sie spüren die Last des Tages in jeder Faser Ihres Körpers. Der Blick fällt auf die überfüllte Kommode im Flur, die Schränke, die vor Dingen überquellen, und den Schreibtisch, der von Papieren und unerledigten Aufgaben bedeckt ist. Trotz des materiellen Überflusses fühlen Sie sich jedoch nicht erfüllt oder zufrieden. Im Gegenteil – das Gewicht der Dinge, die Sie besitzen und verwalten müssen, drückt schwer auf Ihre Seele.

Doch dann geschieht etwas Unerwartetes. Vielleicht stoßen Sie auf eine Geschichte, ein Gespräch oder ein Buch über Minimalismus. Anfangs klingt es wie eine einfache Lösung, vielleicht sogar zu einfach: weniger besitzen, bewusster leben, sich auf das Wesentliche konzentrieren. Aber je mehr Sie darüber nachdenken, desto mehr erkennen Sie, dass dieser Ansatz tiefer geht als nur äußerlich.

**Wie dieses Buch Ihnen helfen wird:**

Dieses Buch ist nicht nur eine Erklärung des Minimalismus, sondern ein praktischer Leitfaden, der Ihnen helfen wird, diesen Lebensstil in Ihrem eigenen Leben umzusetzen. Hier sind die Schritte, wie dieses Buch Ihnen dabei helfen wird:

1. **Verständnis des Minimalismus:** Wir werden gemeinsam die Grundlagen des Minimalismus erkunden, von seinen historischen Wurzeln bis hin zu seiner Bedeutung in der

heutigen Gesellschaft. Sie werden verstehen, dass Minimalismus mehr ist als nur ein leerer Raum – es ist eine Philosophie des Fokus und der Befreiung.

2. **Praktische Umsetzung im Alltag:** Sie werden konkrete Strategien kennenlernen, wie Sie Ihren Wohnraum entrümpeln, Ihre Besitztümer organisieren und sich von überflüssigen Dingen befreien können. Von der Gestaltung einer minimalistischen Wohnung bis hin zur Schaffung von Ordnung und Ruhe in Ihrem Zuhause – wir werden Schritt für Schritt durchgehen, wie Sie dieses Prinzip in die Praxis umsetzen können.

3. **Leben mit weniger:** Minimalismus geht über die äußere Ordnung hinaus. Wir werden darüber sprechen, wie Sie Ihr Zeitmanagement optimieren können, sich auf bedeutungsvolle Beziehungen konzentrieren und mentale Klarheit durch die Reduktion von Ablenkungen gewinnen können. Es geht darum, Raum zu schaffen für das, was wirklich wichtig ist, sei es Ihre Leidenschaften, Ihre Ziele oder einfach Ihre innere Zufriedenheit.

4. **Herausforderungen und Lösungen:** Wir werden auch die Herausforderungen des minimalistischen Lebensstils diskutieren – von emotionaler Verbundenheit zu Besitztümern bis hin zu sozialen Erwartungen. Doch keine Sorge, denn wir werden auch praktische Lösungsansätze bieten, wie Sie diese Hindernisse überwinden können, um ein Leben mit mehr Freiheit und weniger Stress zu führen.

Dieses Buch ist nicht nur eine theoretische Abhandlung über Minimalismus, sondern ein Werkzeugkasten voller Anleitungen, Inspirationen und praktischer Tipps, die Ihnen helfen werden, diesen Lebensstil Schritt für Schritt in Ihrem eigenen Leben umzusetzen. Begleiten Sie mich auf dieser Reise zu einem einfacheren, erfüllteren und freieren Leben – lassen Sie uns gemeinsam den ersten Schritt in Richtung Minimalismus tun.

# Ursprung und Bedeutung des Begriffs

Minimalismus ist ein Konzept, das aus verschiedenen Bereichen der Kunst und Kultur stammt und sich über die Jahre auf andere Lebensbereiche ausgeweitet hat. Ursprünglich tauchte der Begriff in den 1960er Jahren in der Kunstszene auf. Als Kunstbewegung begann Minimalismus in den USA in den späten 1950er und frühen 1960er Jahren. Künstler wie Donald Judd, Frank Stella und Agnes Martin schufen Werke mit einfachen Formen und reduzierten Farben. Ziel war es, alles Überflüssige wegzulassen und nur das Wesentliche darzustellen. In der Architektur und im Design steht Minimalismus für klare Linien, offene Räume und eine schlichte Ästhetik. Bekannte Architekten wie Ludwig Mies van der Rohe prägten den Satz "Weniger ist mehr", der die Essenz des minimalistischen Designs einfängt.

Der Minimalismus hat auch philosophische Wurzeln. Der Zen-Buddhismus, der Einfachheit und Achtsamkeit betont, hat ebenfalls Einfluss auf den Minimalismus. Die Idee, sich von materiellen Dingen zu lösen und sich auf innere Werte zu konzentrieren, findet sich in beiden Konzepten wieder. Ebenso lehrt die stoische Philosophie aus dem antiken Griechenland und Rom, dass Zufriedenheit durch den Verzicht auf übermäßigen materiellen Besitz und durch die Fokussierung auf innere Tugenden erreicht werden kann.

Minimalismus bedeutet im Wesentlichen, sich auf das Wesentliche zu konzentrieren und Überflüssiges zu eliminieren. Dies kann sich auf verschiedene Lebensbereiche beziehen, einschließlich materieller Besitztümer, Zeitmanagement und mentaler Klarheit.

Beim materiellen Minimalismus streben Menschen danach, nur Dinge zu besitzen, die sie wirklich brauchen oder die ihnen Freude bereiten. Das bedeutet, unnötige Gegenstände loszuwerden und den Besitz auf das Nötigste zu beschränken. Statt viele Dinge zu besitzen, legen Minimalisten Wert auf qualitativ hochwertige und langlebige Gegenstände.

Minimalismus im Zeitmanagement bedeutet, unnötige Verpflichtungen zu vermeiden und sich auf Aktivitäten zu konzentrieren, die wirklich wichtig oder erfüllend sind. Ein minimalistischer Lebensstil fördert oft ein langsameres, bewussteres Leben, bei dem man den Moment genießen kann, anstatt ständig unter Zeitdruck zu stehen.

Mentaler Minimalismus bedeutet, den Geist von unnötigem Ballast zu befreien, sich auf das Wesentliche zu konzentrieren und Stress zu reduzieren. Durch Praktiken wie Meditation und Achtsamkeit kann man lernen, im Moment zu leben und sich weniger von äußeren Ablenkungen beeinflussen zu lassen.

Minimalismus ist mehr als nur eine Stilrichtung in der Kunst oder eine Methode zur Entrümpelung des Hauses. Es ist eine Lebensphilosophie, die darauf abzielt, das Wesentliche in den Vordergrund zu stellen und Überflüssiges zu eliminieren. Ob im materiellen Besitz, in der Nutzung von Zeit oder im mentalen Zustand

Minimalismus bietet eine Möglichkeit, ein bewussteres, erfüllteres und weniger belastetes Leben zu führen.

# Abgrenzung zu verwandten Konzepten

Beim Thema Minimalismus gibt es einige verwandte Konzepte, die ähnlich klingen können, aber unterschiedliche Bedeutungen haben. Hier sind die Unterschiede zu den Konzepten Einfachheit und Nachhaltigkeit erklärt:

## 1. Einfachheit

**Einfachheit** bedeutet, Dinge bewusst einfach zu halten und auf unnötigen Luxus oder Komplexität zu verzichten. Im Gegensatz zum Minimalismus, der oft mit einer gezielten Reduktion und einem Fokus auf das Wesentliche verbunden ist, kann Einfachheit auch einen allgemeinen Lebensstil beschreiben, der sich auf weniger komplexe oder weniger anspruchsvolle Lebensweisen bezieht. Es geht weniger darum, Besitz zu reduzieren oder sich auf das absolute Minimum zu beschränken, sondern eher darum, weniger übermäßige Anforderungen oder Komplikationen zu haben.

## 2. Nachhaltigkeit

**Nachhaltigkeit** bezieht sich auf die Fähigkeit, natürliche Ressourcen zu erhalten und die Umwelt für zukünftige Generationen zu schützen. Während der Minimalismus sich oft auf den persönlichen Besitz und Konsum konzentriert, hat Nachhaltigkeit eine breitere Perspektive. Sie umfasst nicht nur die Reduktion des eigenen Konsums, sondern auch den verantwortungsbewussten Umgang mit Ressourcen, die Förderung erneuerbarer Energien, die Reduktion von Abfall und die

Unterstützung von umweltfreundlichen Praktiken. Minimalismus kann Teil eines nachhaltigen Lebensstils sein, aber nicht zwangsläufig.

# Ziele und Vorteile des minimalistischen Lebensstils

Der minimalistische Lebensstil spricht direkt zu vielen von uns, die sich in einer Welt fühlen, die von Überfluss und ständigem Konsum geprägt ist. Stellen Sie sich vor, Sie kommen nach einem langen Arbeitstag nach Hause. Die Tür fällt hinter Ihnen ins Schloss und Sie spüren die Erschöpfung des Tages. Ihr Blick wandert durch die Wohnung, die von Dingen überladen scheint – Bücher, die ungelesen im Regal stehen, Kleidungsstücke, die Sie seit Jahren nicht mehr getragen haben, und Gegenstände, an deren Zweck Sie sich kaum erinnern können. Trotz des vermeintlichen Komforts, den diese Dinge bieten sollten, fühlen Sie sich eher erdrückt und belastet.

Dann stoßen Sie vielleicht auf die Idee des Minimalismus. Anfangs mag es wie eine radikale Idee erscheinen – weniger zu besitzen, bewusster zu leben, sich auf das Wesentliche zu konzentrieren. Doch je mehr Sie darüber nachdenken, desto mehr erkennen Sie, dass dieses Konzept weit mehr als nur eine äußere Veränderung bietet. Es verspricht eine tiefgreifende Transformation, die Ihr Leben in vielerlei Hinsicht bereichern könnte.

Durch die Reduktion des materiellen Überflusses erleben Sie nicht nur eine physische Befreiung, sondern auch eine geistige Klarheit. Sie gewinnen Raum für Dinge, die Ihnen wirklich wichtig sind – sei es mehr Zeit mit Ihren Liebsten zu verbringen, Ihre Kreativität zu entfalten oder sich auf Ihre persönliche Entwicklung zu konzentrieren. Der minimalistische Lebensstil verspricht weniger Stress und mehr innere Ruhe, indem er unnötige Ablenkungen und Belastungen reduziert, die häufig durch den Besitz und die Verwaltung einer Vielzahl von Dingen entstehen.

Finanziell könnte Minimalismus Ihnen helfen, bewusstere Entscheidungen zu treffen und Ressourcen für Dinge zu sparen, die wirklich Bedeutung in Ihrem Leben haben. Weniger Ausgaben für überflüssige Güter könnten Ihnen mehr finanzielle Freiheit ermöglichen, sei es für Reisen, Bildung oder die Verwirklichung lang gehegter Träume.

Gesundheitlich betrachtet kann ein minimalistischer Lebensstil Ihre Lebensqualität verbessern, indem er Ihnen bessere Schlafgewohnheiten und weniger stressbedingte Belastungen ermöglicht. Dies könnte zu einer gesteigerten Energie und einer insgesamt positiveren Lebenshaltung führen.

Der minimalistische Lebensstil bietet nicht nur eine Methode, um äußerliche Veränderungen vorzunehmen, sondern auch eine philosophische Haltung, die tiefer in Ihre Lebensweise eingreifen kann. Indem Sie sich auf die Essenz dessen konzentrieren, was Ihnen wirklich wichtig ist, können Sie eine nachhaltigere und erfüllendere Existenz führen. Dieses Kapitel hat Ihnen eine Einführung in die Ziele und Vorteile des minimalistischen Lebensstils gegeben und wird Ihnen helfen, im weiteren Verlauf dieses Buches praktische Schritte zu erlernen, wie Sie diese Prinzipien in Ihrem eigenen Leben umsetzen können.

# Historische Entwicklung des Minimalismus

Um das Konzept des Minimalismus vollständig zu verstehen und seine tiefgreifende Bedeutung zu erfassen, ist es entscheidend, einen Blick auf seine historische Entwicklung zu werfen. Die Wurzeln des Minimalismus reichen weit zurück und haben sich im Laufe der Zeit in verschiedenen kulturellen, philosophischen und künstlerischen Strömungen manifestiert.

## 1. Antike und philosophische Einflüsse

Schon in der Antike lassen sich philosophische Ansätze finden, die dem modernen Minimalismus ähnlich sind. Die stoische Philosophie, die im antiken Griechenland und Rom blühte, betonte die Idee der inneren Zufriedenheit durch Zurückhaltung und Bescheidenheit. Stoische Denker wie Seneca und Epiktet lehrten, dass wahre Freiheit und Glückseligkeit nicht durch materiellen Überfluss, sondern durch die Kontrolle über unsere Wünsche und das Streben nach Tugendhaftigkeit erreicht werden. Diese Philosophie des Minimalismus durchdrang alle Bereiche des Lebens, von der persönlichen Ethik bis zur Politik.

## 2. Zen-Buddhismus und die Kunst des Weglassens

Eine weitere wichtige Quelle des Minimalismus ist der Zen-Buddhismus, insbesondere in seiner traditionellen japanischen Ästhetik. Zen-Lehren betonen die Schönheit der Einfachheit und die Bedeutung des "Weglassens" (jap. "Kanso"). Dieser Grundsatz der Reduktion auf das Wesentliche findet nicht nur in der Kunst, wie der

Zen-Gartengestaltung und der Teezeremonie, sondern auch im alltäglichen Leben Anwendung. Zen-Philosophie lehrt, dass wahre Schönheit in der Klarheit und Einfachheit liegt, die durch die Reduktion von überflüssigem Ballast entsteht.

## 3. Moderne Kunstbewegungen des 20. Jahrhunderts

Der moderne Minimalismus als Kunstbewegung nahm im 20. Jahrhundert eine revolutionäre Wendung. Besonders in den 1950er und 1960er Jahren in den USA begannen Künstler wie Donald Judd, Frank Stella und Agnes Martin damit, Kunstwerke zu schaffen, die auf elementare Formen, klare Linien und reduzierte Farben reduziert waren. Diese Künstler reagierten auf den damals vorherrschenden abstrakten Expressionismus und den Konsumismus der Nachkriegszeit. Ihre Werke waren nicht nur eine Ästhetik, sondern auch eine kritische Haltung gegenüber der Überflüssigkeit und dem Materialismus der Zeit.

## 4. Architektur und Design

In der Architektur und im Design hat der Minimalismus einen bedeutenden Einfluss auf die Gestaltung von Räumen und Gebäuden gehabt. Architekten wie Ludwig Mies van der Rohe prägten den berühmten Satz "Weniger ist mehr". Diese Philosophie betont die Reduktion auf das Notwendige, klare Linienführung und die Betonung von Funktionalität und Ästhetik. Minimalistische Architektur schafft Räume, die nicht nur ästhetisch ansprechend sind, sondern auch eine Atmosphäre der Ruhe und Klarheit fördern.

## Warum ist es wichtig, die historische Entwicklung zu betrachten?

Die historische Entwicklung des Minimalismus zeigt, dass dieses Konzept weit mehr ist als nur ein moderner Trend. Es ist tief in der menschlichen Geschichte und Kultur verwurzelt und hat sich als Reaktion auf verschiedene gesellschaftliche, künstlerische und philosophische Strömungen entwickelt. Indem wir die historische Entwicklung verstehen, erkennen wir, dass Minimalismus nicht nur eine äußerliche Veränderung der Lebensweise ist, sondern eine tiefgreifende philosophische Haltung, die zur Verbesserung der Lebensqualität und zur Förderung der inneren Klarheit und Zufriedenheit beitragen kann.

Dieses Verständnis hilft uns auch, die verschiedenen Facetten des Minimalismus besser zu schätzen und zu integrieren – sei es in unserem persönlichen Leben, in der Gestaltung unserer Umgebung oder in der Förderung nachhaltiger und bewusster Konsumentscheidungen. Die historische Perspektive eröffnet uns einen breiteren Blickwinkel und ermutigt uns, die zeitlosen Prinzipien des Minimalismus in unsere moderne Welt zu übertragen, um ein erfüllteres und sinnvolleres Leben zu führen.

# Grundprinzipien des Minimalismus

Der Minimalismus ist mehr als nur eine äußerliche Veränderung der Lebensweise – er ist eine tief verwurzelte Philosophie, die sich auf das Streben nach Einfachheit, Klarheit und Bedeutung konzentriert. Dieses Kapitel erkundet die grundlegenden Prinzipien des Minimalismus und zeigt auf, wie sie in verschiedenen Aspekten des Lebens angewendet werden können.

Ein zentrales Prinzip des Minimalismus ist die Reduktion auf das Wesentliche. Dies bedeutet, dass man bewusst entscheidet, welche Dinge und Aktivitäten wirklich notwendig sind, um ein erfülltes Leben zu führen. Zum Beispiel kann dies bedeuten, dass man sich von materiellen Besitztümern trennt, die nicht mehr verwendet werden, oder dass man Verpflichtungen reduziert, die keine persönliche Befriedigung mehr bringen. Ein echtes Beispiel dafür ist die Geschichte von Lisa, die beschloss, ihren Kleiderschrank drastisch zu minimieren. Sie spendete alle Kleidungsstücke, die sie seit einem Jahr nicht mehr getragen hatte, und behielt nur diejenigen, die sie wirklich liebte und regelmäßig trug. Diese einfache Entscheidung führte nicht nur zu einem aufgeräumteren Kleiderschrank, sondern auch zu einem Gefühl der Befreiung und Klarheit.

Ein weiteres Prinzip des Minimalismus ist die Fokussierung auf Qualität statt Quantität. Dies gilt sowohl für materielle Güter als auch für zwischenmenschliche Beziehungen und Zeitinvestitionen. Anstatt viele billige Gegenstände zu besitzen, strebt der Minimalist danach, hochwertige Produkte zu wählen, die länger halten und eine größere Zufriedenheit bieten. Beispielsweise entschied sich Mark, seine Zeit auf qualitativ hochwertige Hobbys wie Fotografie zu konzentrieren, anstatt Geld für verschiedene Freizeitaktivitäten auszugeben, die ihn nicht wirklich erfüllten. Durch diese Entscheidung konnte er nicht nur seine Fähigkeiten verbessern, sondern auch tiefer in seine Leidenschaft eintauchen und daraus mehr Zufriedenheit schöpfen.

Ein weiteres grundlegendes Prinzip des Minimalismus ist die Achtsamkeit im Konsumverhalten. Das bedeutet, bewusst zu wählen, was man kauft und warum man es kauft. Ein Beispiel hierfür ist Sarah, die sich entschied, einen Monat lang auf Impulskäufe zu verzichten. Sie stellte fest, dass sie oft aus Langeweile oder emotionalem Stress heraus einkaufte, anstatt wirklich etwas zu benötigen. Durch diese bewusste Praxis konnte sie nicht nur Geld sparen, sondern auch ihre Konsumgewohnheiten reflektieren und ihre emotionale Abhängigkeit vom Shopping reduzieren.

Zusammengefasst zielen die Grundprinzipien des Minimalismus darauf ab, ein bewussteres und erfüllteres Leben zu führen, indem man sich auf das Wesentliche konzentriert, Qualität über Quantität stellt und achtsam im Konsumverhalten ist. Diese Prinzipien sind nicht nur theoretische Konzepte, sondern können in praktische Maßnahmen umgesetzt werden, um einen nachhaltigen Lebensstil zu fördern, der sowohl persönliche Erfüllung als auch eine positive Auswirkung auf die Umwelt haben kann. Im nächsten Abschnitt werden wir konkrete Schritte und Techniken untersuchen, wie Sie die Grundprinzipien des Minimalismus in Ihrem eigenen Leben umsetzen können.

# Praktische Umsetzung im Alltag

## Wohnraum

Der Wohnraum spielt eine zentrale Rolle im minimalistischen Lebensstil, da er den physischen Raum definiert, in dem wir leben, arbeiten und uns entspannen. Dieses Kapitel untersucht, wie Sie Ihren Wohnraum so gestalten können, dass er die Grundprinzipien des Minimalismus widerspiegelt und Ihnen ein Gefühl von Klarheit und Harmonie vermittelt.

**1. Reduktion von Besitztümern**

Ein wesentliches Merkmal des minimalistischen Wohnraums ist die Reduktion von überflüssigen Besitztümern. Beginnen Sie damit, jeden Raum in Ihrem Zuhause systematisch zu durchsuchen und sich von Dingen zu trennen, die Sie nicht verwenden oder die keine bedeutende Funktion erfüllen. Dies kann Kleidung, Möbel, Dekorationsgegenstände oder sogar Technologie umfassen. Zum Beispiel könnte das Ausmisten Ihrer Küche von Geräten, die Sie selten verwenden, wie einem Sandwich-Maker oder einem Mixer, Platz schaffen und die Funktionalität Ihrer Küche verbessern.

**2. Organisation und Ordnung**

Organisation ist entscheidend, um einen minimalistischen Wohnraum aufrechtzuerhalten. Schaffen Sie klare Strukturen und Ablagesysteme für Ihre verbleibenden Besitztümer, um Unordnung zu vermeiden. Vermeiden Sie es, unnötige Gegenstände auf

Arbeitsflächen oder Tischen zu lagern. Zum Beispiel können Sie einen minimalistischen Schreibtisch schaffen, indem Sie nur das Nötigste darauf lassen und den Rest in Schubladen oder Ordnern verstauen.

## 3. Multifunktionalität und Flexibilität

Ein weiterer Schlüsselaspekt des minimalistischen Wohnraums ist die Nutzung von Möbeln und Gegenständen, die mehrere Funktionen erfüllen können. Wählen Sie multifunktionale Möbelstücke wie ein Schlafsofa oder einen Esstisch mit ausziehbaren Seiten, die Platz sparen und den Raum flexibel gestalten. Dies ermöglicht es Ihnen, den Raum je nach Bedarf umzugestalten und ihn effizient zu nutzen.

## 4. Qualität über Quantität

Im minimalistischen Wohnraum ist es wichtig, auf Qualität statt auf Quantität zu setzen. Investieren Sie in hochwertige Möbel und Gegenstände, die langlebig sind und eine ästhetische Bereicherung für Ihren Raum darstellen. Weniger Möbelstücke von höherer Qualität können oft einen Raum ansprechender gestalten als viele billige oder unnötige Dekorationsgegenstände.

## 5. Ästhetik und Atmosphäre

Schließlich sollte ein minimalistischer Wohnraum eine klare ästhetische Vision haben, die auf Einfachheit und Harmonie basiert. Wählen Sie eine neutrale Farbpalette und reduzierte Dekorelemente, die einen Raum beruhigend und ansprechend machen. Zum Beispiel könnten Sie eine minimalistische Schlafzimmergestaltung mit wenigen, gut ausgewählten Kunstwerken und einer beruhigenden Farbpalette schaffen, die zum Entspannen einlädt.

Hier sind 4 Übungen für Sie, damit Sie diese Prinzipien in Ihrem Wohnraum anwenden können:

## 1. Die 30-Tage-Ausmist-Challenge

**Ziel:** Reduktion von unnötigen Besitztümern

**Beschreibung:** Beginnen Sie mit einer 30-Tage-Ausmist-Challenge. Jeden Tag nehmen Sie sich ein kleines Ziel vor, zum Beispiel einen Schrank, eine Schublade oder eine Ecke Ihres Wohnraums. Entscheiden Sie dann, welche Gegenstände Sie behalten möchten, welche Sie weggeben oder spenden können und welche entsorgt werden müssen. Setzen Sie sich das Ziel, jede Woche eine bestimmte Anzahl von Gegenständen loszuwerden. Dies wird Ihnen helfen, unnötige Dinge zu identifizieren und Ihren Wohnraum zu entrümpeln.

**Tipps:** Beginnen Sie mit den offensichtlichsten Bereichen wie Kleiderschränken oder Küchenschränken. Bleiben Sie konsequent und lassen Sie sich nicht von sentimentalen Gedanken ablenken.

## 2. Die Eine-Ein-Raus-Regel

**Ziel:** Kontrolle über den Zuwachs neuer Gegenstände

**Beschreibung:** Implementieren Sie die Eine-Ein-Raus-Regel. Immer wenn Sie einen neuen Gegenstand in Ihren Wohnraum bringen möchten, sei es Kleidung, Möbel oder Dekoration, müssen Sie einen anderen Gegenstand auswählen, den Sie dafür entfernen möchten. Dies hilft Ihnen nicht nur, die Anzahl Ihrer Besitztümer konstant zu halten, sondern auch bewusster über Ihre Einkäufe nachzudenken.

**Tipps:** Reflektieren Sie vor jedem Kauf, ob Sie wirklich einen neuen Gegenstand benötigen und welchen bestehenden Gegenstand Sie dafür opfern möchten.

## 3. Die KonMari-Methode

**Ziel:** Ordnung und Organisation schaffen

**Beschreibung:** Nutzen Sie die KonMari-Methode von Marie Kondo, um Ihre Besitztümer zu sortieren und zu organisieren. Diese Methode basiert darauf, jeden Gegenstand in die Hand zu nehmen und zu überlegen, ob er Ihnen Freude bereitet oder nicht. Entscheiden Sie sich nur für die Gegenstände, die Ihnen wirklich wichtig sind und die einen Platz in Ihrem Leben haben.

**Tipps:** Beginnen Sie mit einer Kategorie nach der anderen, zum Beispiel Kleidung, Bücher, Küchenutensilien usw. Falten Sie Kleidung und organisieren Sie Ihre Schränke so, dass alles gut sichtbar und erreichbar ist.

## 4. Multifunktionale Möbel nutzen

**Ziel:** Maximierung des Raumangebots

**Beschreibung:** Investieren Sie in multifunktionale Möbelstücke, die mehrere Zwecke erfüllen können. Zum Beispiel ein Bett mit integriertem Stauraum, ein Esstisch, der sich ausklappen lässt, oder ein Couchtisch mit zusätzlichen Ablageflächen. Diese Möbel helfen Ihnen, den verfügbaren Raum effizient zu nutzen und gleichzeitig Ihre Wohnfläche aufgeräumt zu halten.

**Tipps:** Bevor Sie neue Möbel kaufen, überlegen Sie, wie Sie den Raum optimal nutzen können. Wählen Sie Möbelstücke aus, die sowohl funktional als auch ästhetisch ansprechend sind.

Diese Übungen sind praktische Ansätze, um den minimalistischen Lebensstil in Ihrem Wohnraum umzusetzen. Beginnen Sie mit kleinen Schritten und setzen Sie sich klare Ziele, um kontinuierlich Fortschritte zu machen.

## Kleidung

Minimalismus in der Kleidung bedeutet, sich bewusst von überflüssigen Kleidungsstücken zu trennen und einen Kleiderschrank zu schaffen, der sowohl funktional als auch ästhetisch ist. Dieses Kapitel untersucht, wie Sie durch gezieltes Ausmisten und bewusstes Einkaufen einen minimalistischen Ansatz in Ihrer Garderobe umsetzen können.

Ein erster Schritt hin zu einem minimalistischen Kleiderschrank ist das Ausmisten Ihrer aktuellen Garderobe. Nehmen Sie sich Zeit, um jedes Kleidungsstück durchzusehen und zu überlegen, ob Sie es in den letzten Monaten getragen haben oder ob es Ihnen wirklich

Freude bereitet. Eine hilfreiche Methode ist es, alle Kleidungsstücke aus dem Schrank zu nehmen und sie in Stapel zu sortieren: behalten, spenden/verkaufen oder entsorgen. Dadurch gewinnen Sie einen besseren Überblick über Ihren Besitz und können leichter entscheiden, welche Stücke Sie wirklich benötigen.

Organisation spielt eine entscheidende Rolle, um einen minimalistischen Kleiderschrank aufrechtzuerhalten. Ordnen Sie Ihre verbleibenden Kleidungsstücke nach Typ und Farbe, um einen klaren Überblick zu behalten. Vermeiden Sie es, Ihren Schrank zu überfüllen, indem Sie sich auf wesentliche Basics konzentrieren, die sich leicht kombinieren lassen. Weniger Auswahl kann oft zu mehr Kreativität und Zufriedenheit führen, da Sie sich auf Ihre Lieblingsstücke konzentrieren können.

Die Eine-Ein-Raus-Regel ist eine nützliche Methode, um die Anzahl Ihrer Kleidungsstücke konstant zu halten und bewusstere Kaufentscheidungen zu treffen. Bevor Sie ein neues Kleidungsstück kaufen, überlegen Sie, welchen bestehenden Gegenstand Sie dafür aussortieren möchten. Dies hilft Ihnen nicht nur, Ihren Kleiderschrank geordnet zu halten, sondern fördert auch ein nachhaltigeres Konsumverhalten.

Qualität über Quantität ist ein weiteres Prinzip des minimalistischen Kleidungsstils. Investieren Sie in hochwertige Kleidungsstücke, die gut verarbeitet sind und lange halten. Klassische Basics wie ein gut geschnittenes weißes Hemd, eine dunkle Jeans oder ein zeitloser Mantel können die Grundlage Ihrer Garderobe bilden und vielseitig kombiniert werden.

Schließlich spielt Ästhetik eine wichtige Rolle in einem minimalistischen Kleiderschrank. Wählen Sie eine Farbpalette, die gut zueinander passt und die Ihnen Freude bereitet. Dies erleichtert das Zusammenstellen von Outfits und schafft eine harmonische visuelle Ästhetik.

Zusammengefasst bedeutet Minimalismus in der Kleidung, sich auf die Essenz Ihrer Garderobe zu konzentrieren und bewusste Entscheidungen zu treffen, die sowohl Ihren Stil als auch Ihre Lebensweise unterstützen. Indem Sie Ihren Kleiderschrank entrümpeln, ihn gut organisieren, die Eine-Ein-Raus-Regel anwenden, auf Qualität setzen und eine ästhetisch ansprechende Auswahl treffen, können Sie einen minimalistischen Kleidungsstil pflegen, der zu mehr Zufriedenheit und weniger Stress führt. Im nächsten Abschnitt werden wir untersuchen, wie Sie den minimalistischen Ansatz auf andere Bereiche Ihres Lebens anwenden können, um ein ganzheitliches und erfülltes Leben zu führen.

Hier sind vier Ideen, wie man mit Kleidung umgehen kann, die aus dem Kleiderschrank entfernt wurde:

1. **Spenden an Wohltätigkeitsorganisationen:** Eine der besten Möglichkeiten, überschüssige Kleidung loszuwerden, ist, sie an Wohltätigkeitsorganisationen zu spenden. Viele gemeinnützige Organisationen nehmen gut erhaltene Kleidung gerne entgegen, um sie an Bedürftige weiterzugeben. Dadurch unterstützen Sie nicht nur Menschen

in Not, sondern reduzieren auch Abfall und fördern eine nachhaltige Nutzung von Ressourcen.

2. **Verkaufen auf Online-Plattformen:** Wenn die Kleidung noch in gutem Zustand ist und einen gewissen Wert hat, können Sie sie auf Online-Plattformen wie eBay, Depop oder Poshmark verkaufen. Dies ermöglicht es Ihnen, etwas Geld zurückzugewinnen und gleichzeitig die Kleidungsstücke einem neuen Besitzer zukommen zu lassen, der sie schätzen wird.

3. **Tauschen mit Freunden oder Familie:** Organisieren Sie einen Kleidertausch mit Freunden oder Familienmitgliedern. Dies ist eine großartige Möglichkeit, neue Kleidungsstücke zu entdecken, ohne neue zu kaufen, und gleichzeitig Ihre ungewollte Kleidung weiterzugeben. Es fördert auch soziale Interaktionen und unterstützt eine nachhaltige Lebensweise.

4. **Recycling oder Upcycling:** Wenn einige Kleidungsstücke nicht mehr tragbar sind, können Sie sie für Recyclingzwecke spenden. Viele Recyclingzentren akzeptieren Textilien zur Wiederverwendung in anderen Produkten. Alternativ können Sie alte Kleidungsstücke auch für DIY-Projekte oder Upcycling-Ideen verwenden, indem Sie sie in neue Gegenstände wie Taschen, Kissenbezüge oder Putzlappen umwandeln.

Diese Optionen geben Ihnen die Möglichkeit, Kleidung, die Sie nicht mehr benötigen, auf umweltfreundliche Weise loszuwerden und gleichzeitig andere Menschen zu unterstützen oder kreativ zu werden.

# Konsumverhalten

Konsumverhalten spielt eine zentrale Rolle im minimalistischen Lebensstil, der darauf abzielt, bewusste Entscheidungen zu treffen und den eigenen Konsum auf das Wesentliche zu reduzieren. Dieses Kapitel untersucht, wie Sie durch eine gezielte Herangehensweise an Ihren Konsum ein minimalistischeres Leben führen können, und beleuchtet die Gedanken und möglichen Herausforderungen, denen Sie im Alltag begegnen könnten.

Ein zentraler Aspekt des minimalistischen Konsumverhaltens ist die Fähigkeit, bewusste Kaufentscheidungen zu treffen. Oftmals haben Leser Bedenken darüber, wie sie zwischen notwendigen und unnötigen Einkäufen unterscheiden können. Eine hilfreiche Strategie ist es, sich Zeit zu nehmen, bevor Sie etwas kaufen. Überlegen Sie, ob der Gegenstand einen echten Nutzen in Ihrem Leben hat oder ob er nur eine kurzfristige Befriedigung bietet. Diese Überlegungen können helfen, Impulskäufe zu vermeiden und das Bewusstsein für den Wert jedes einzelnen Kaufs zu schärfen.

Ein häufiges Problem im minimalistischen Konsumverhalten ist die Versuchung, günstige Alternativen zu wählen, anstatt in Qualität zu investieren. Es ist verlockend, bei billigeren Optionen zu sparen, aber Qualität über Quantität zu stellen bedeutet oft, dass die Produkte länger halten und insgesamt weniger Ressourcen verbraucht werden. Leser könnten sich fragen, ob teurere Artikel wirklich den Preis wert sind. In solchen Fällen kann es hilfreich sein, die Kosten über die Lebensdauer des Produkts zu verteilen und die ökologischen und sozialen Auswirkungen zu berücksichtigen.

Die Reduktion von Impulskäufen ist eine weitere Herausforderung, mit der Leser konfrontiert werden könnten. Der Drang, etwas sofort zu besitzen, kann stark sein, insbesondere in einer Welt des sofortigen Zugangs. Eine einfache, aber effektive Strategie ist es, sich selbst eine Abkühlungszeit zu geben, bevor man einen Kauf tätigt. Gedanken wie "Brauche ich das wirklich?" oder "Kann ich ohne diesen Gegenstand leben?" können helfen, den Wunsch nach sofortiger Befriedigung zu kontrollieren und die persönliche Zufriedenheit zu steigern.

Ein praktisches Beispiel für bewusstes Konsumverhalten im minimalistischen Lebensstil ist die Pflege einer minimalistischen Garderobe. Hier könnten Leser Bedenken äußern, dass sie sich zu sehr einschränken oder dass sie ihre Persönlichkeit durch weniger Kleidungsstücke nicht ausreichend ausdrücken können. Eine Lösung dafür ist die Betonung der Vielseitigkeit und Qualität der ausgewählten Kleidungsstücke. Weniger Kleidung bedeutet nicht weniger Ausdruck, sondern ermöglicht vielmehr eine einfachere Auswahl und bessere Kombinationsmöglichkeiten, was letztendlich zu einem klareren und effizienteren Kleiderschrank führt.

Schließlich beinhaltet ein minimalistisches Konsumverhalten auch die Förderung von Reparatur und Wiederverwendung. Eine gängige Sorge könnte sein, dass Reparaturen zu teuer oder zu aufwendig sind. In solchen Fällen kann es hilfreich sein, grundlegende Reparaturkenntnisse zu erlernen oder lokale Dienstleister zu finden, die eine kostengünstige Reparatur anbieten. Die Wiederverwendung von Produkten fördert nicht nur die Langlebigkeit, sondern trägt auch zur Reduzierung von Abfall bei und unterstützt eine nachhaltigere Lebensweise.

Zusammengefasst erfordert ein minimalistisches Konsumverhalten die Fähigkeit, bewusste Entscheidungen zu treffen und die eigenen Bedürfnisse von kurzfristigen Impulsen zu unterscheiden. Indem Sie bewusste Kaufentscheidungen treffen, auf Qualität über Quantität setzen, Impulskäufe reduzieren, eine minimalistische Garderobe pflegen und Reparatur sowie Wiederverwendung fördern, können Sie einen nachhaltigen und erfüllten Lebensstil im Einklang mit minimalistischen Prinzipien führen. Im nächsten Abschnitt werden wir untersuchen, wie Sie den minimalistischen Ansatz auf andere Bereiche Ihres Lebens anwenden können, um ganzheitliche Veränderungen zu erzielen.

Hier sind zwei Übungen, die Ihnen helfen können, Ihr Konsumverhalten minimalistischer zu gestalten:

1. **30-Tage-Kaufverzicht-Challenge:** Setzen Sie sich das Ziel, für 30 Tage keine neuen Gegenstände zu kaufen, es sei denn, sie sind lebensnotwendig (wie Lebensmittel oder Medikamente). Verzichten Sie bewusst auf Impulskäufe und überlegen Sie genau, ob ein neuer Kauf wirklich notwendig ist. Diese Challenge hilft Ihnen, Ihr Kaufverhalten zu reflektieren und bewusster zu konsumieren.

2. **Wochenbudget für persönliche Ausgaben festlegen:** Legen Sie ein wöchentliches Budget fest, das Sie für persönliche Ausgaben wie Kleidung, Unterhaltung oder andere Luxusgüter verwenden können. Dieses Budget hilft

Ihnen, Ihre Ausgaben im Auge zu behalten und impulsiven Einkäufen vorzubeugen. Wenn das Budget aufgebraucht ist, müssen Sie bis zur nächsten Woche warten, bevor Sie weitere persönliche Ausgaben tätigen können. Dies fördert bewusstes Konsumverhalten und unterstützt gleichzeitig Ihre finanzielle Gesundheit.

Diese Übungen sind praktische Ansätze, um Ihr Konsumverhalten zu reflektieren und Schritte in Richtung eines minimalistischeren Lebensstils zu machen. Indem Sie bewusster kaufen, Ihren Besitz reduzieren und Ihre Ausgaben kontrollieren, können Sie nicht nur Ihre persönlichen Ziele erreichen, sondern auch zu einer nachhaltigeren und erfüllteren Lebensweise beitragen.

# Zeitmanagement im minimalistischen Lebensstil

Zeit ist eine der wertvollsten Ressourcen, die wir haben, und ein minimalistischer Lebensstil kann uns dabei helfen, sie effizienter und bewusster zu nutzen. In diesem Kapitel geht es darum, wie Sie durch minimalistisches Zeitmanagement Ihre täglichen Abläufe vereinfachen, Stress reduzieren und mehr Zeit für die Dinge gewinnen können, die Ihnen wirklich wichtig sind.

Ein zentraler Aspekt des minimalistischen Zeitmanagements ist die Priorisierung. Oft fühlen wir uns von einer endlosen To-Do-Liste überwältigt und wissen nicht, wo wir anfangen sollen. Eine effektive Methode, um diesem Gefühl entgegenzuwirken, ist das Identifizieren und Konzentrieren auf die wirklich wichtigen Aufgaben. Nutzen Sie Techniken wie die Eisenhower-Matrix, um Ihre Aufgaben in Kategorien zu unterteilen: dringend und wichtig, wichtig aber nicht dringend, dringend aber nicht wichtig, und weder dringend noch wichtig. Indem Sie Ihre Aufgaben priorisieren, können Sie sich auf das Wesentliche konzentrieren und unnötigen Stress vermeiden.

Ein weiteres Prinzip des minimalistischen Zeitmanagements ist die Vereinfachung Ihrer täglichen Routine. Durch das Eliminieren unnötiger Aktivitäten und Verpflichtungen können Sie Ihren Tagesablauf entschlacken. Überlegen Sie, welche Aufgaben oder Verpflichtungen Sie delegieren oder streichen können. Minimalismus bedeutet nicht nur, weniger Dinge zu besitzen, sondern auch weniger mentale Belastung und Verpflichtungen zu haben. Ein einfacher, fokussierter Tagesablauf hilft Ihnen, effizienter zu arbeiten und mehr Zeit für Erholung und persönliche Interessen zu finden.

Minimalismus im Zeitmanagement beinhaltet auch das bewusste Setzen von Grenzen. In einer Welt, die ständig vernetzt ist und immer verfügbar sein will, ist es wichtig, klare Grenzen zu ziehen. Legen Sie feste Zeiten für Arbeit, Freizeit und Erholung fest. Schaffen Sie technikfreie Zeiten oder Zonen, um Ablenkungen zu minimieren und sich vollständig auf die jeweilige Tätigkeit zu konzentrieren. Diese bewussten Pausen können Ihre Produktivität steigern und Ihnen helfen, ein ausgewogenes Leben zu führen.

Ein häufiges Problem im modernen Alltag ist die Multitasking-Falle. Viele glauben, dass sie durch das gleichzeitige Erledigen mehrerer Aufgaben Zeit sparen, aber in Wirklichkeit führt Multitasking oft zu weniger Effizienz und mehr Stress. Im minimalistischen Zeitmanagement geht es darum, sich auf eine Aufgabe nach der anderen zu konzentrieren. Nutzen Sie Methoden wie das Time-Blocking, bei dem Sie feste Zeitfenster für spezifische Aufgaben reservieren. Dadurch können Sie Ihre Aufmerksamkeit voll und ganz auf die jeweilige Tätigkeit richten und diese effizienter und mit besserem Ergebnis abschließen.

Ein minimalistischer Ansatz zum Zeitmanagement betont auch die Wichtigkeit von Pausen und Erholung. Oft neigen wir dazu, unsere Zeit vollständig zu verplanen und vergessen dabei, uns selbst Raum zum Atmen zu geben. Regelmäßige Pausen und bewusste Erholungsphasen sind entscheidend, um langfristig produktiv und gesund zu bleiben. Integrieren Sie Zeiten der Ruhe und Entspannung in Ihren Tagesablauf und erkennen Sie deren Wert für Ihr allgemeines Wohlbefinden an.

Zusammenfassend lässt sich sagen, dass minimalistisches Zeitmanagement Ihnen helfen kann, ein ausgeglicheneres und erfüllteres Leben zu führen. Durch Priorisierung, Vereinfachung, bewusste Grenzsetzung, Vermeidung von Multitasking und die Einplanung von Pausen können Sie Ihre Zeit effizienter nutzen und mehr Raum für die Dinge schaffen, die Ihnen wirklich wichtig sind. Indem Sie Ihre Zeit bewusst managen, gewinnen Sie nicht nur Kontrolle über Ihren Alltag zurück, sondern fördern auch Ihr persönliches Wachstum und Wohlbefinden. Im nächsten Abschnitt werden wir uns damit beschäftigen, wie diese Prinzipien auf andere Lebensbereiche angewendet werden können, um eine ganzheitliche Veränderung zu erreichen.

# Minimalismus und Gesellschaft

Minimalismus ist mehr als nur eine persönliche Lebensstilentscheidung; es ist ein Konzept, das tiefgreifende Auswirkungen auf die Gesellschaft hat. In diesem Kapitel werden wir die vielfältigen Verbindungen zwischen Minimalismus und gesellschaftlichen Strukturen untersuchen. Wir leben in einer Welt, die oft durch Konsum, Überfluss und Materialismus geprägt ist. Diese Werte beeinflussen nicht nur unser individuelles Leben, sondern auch unsere Gemeinschaften, die Wirtschaft und die Umwelt.

Stellen Sie sich vor, wie Ihr Leben und Ihre Umgebung sich verändern könnten, wenn mehr Menschen sich für einen minimalistischen Lebensstil entscheiden würden. Weniger Konsum bedeutet weniger Produktion und damit eine geringere Belastung der natürlichen Ressourcen. Es könnte zu einer Reduzierung des ökologischen Fußabdrucks führen und helfen, die Auswirkungen des Klimawandels zu mildern. Ein minimalistischer Lebensstil fördert nicht nur Nachhaltigkeit, sondern kann auch zu einer gerechteren Verteilung der Ressourcen beitragen, indem er den Fokus von Besitz auf Gemeinschaft und Kooperation verlagert.

Darüber hinaus hat Minimalismus das Potenzial, unser soziales Gefüge zu verändern. In einer Gesellschaft, die oft durch Statussymbole und materielle Besitztümer definiert wird, kann der Minimalismus dazu beitragen, diese Werte neu zu definieren. Beziehungen könnten tiefer und bedeutungsvoller werden, wenn sie nicht länger durch materiellen Besitz und Konsum bestimmt werden. Der Minimalismus könnte eine Kultur des Teilens und der gegenseitigen Unterstützung fördern, anstatt einer Kultur des Wettkampfs und der Verschwendung.

In diesem Kapitel werden wir uns ansehen, wie Minimalismus auf gesellschaftlicher Ebene wirken kann. Wir werden Beispiele von Gemeinschaften und Bewegungen untersuchen, die sich dem minimalistischen Lebensstil verschrieben haben, und analysieren, wie diese Ansätze die Gesellschaft als Ganzes beeinflussen können. Außerdem werden wir die Herausforderungen betrachten, die mit der Umsetzung minimalistischer Prinzipien in einer überwiegend konsumorientierten Welt verbunden sind.

Begleiten Sie uns auf dieser Reise und entdecken Sie, wie der Minimalismus nicht nur Ihr persönliches Leben, sondern auch die Gesellschaft positiv verändern kann. Erfahren Sie, wie kleine, bewusste Entscheidungen zu großen gesellschaftlichen Veränderungen führen können und wie wir gemeinsam eine nachhaltigere, gerechtere und harmonischere Welt schaffen können.

# Soziale und kulturelle Aspekte des Minimalismus

Minimalismus hat weitreichende soziale und kulturelle Implikationen, die tief in das Gefüge unserer Gesellschaft eingreifen. Während der Minimalismus auf individueller Ebene oft als eine Methode zur Reduktion von Stress und zur Erhöhung der Lebensqualität angesehen wird, kann seine Anwendung auf breiterer Ebene bedeutende soziale und kulturelle Veränderungen bewirken.

In vielen modernen Gesellschaften sind Konsum und Materialismus tief verwurzelt. Wer viel besitzt, wird oft als erfolgreich angesehen, und das Streben nach immer mehr wird als Zeichen von Wohlstand und Glück betrachtet. Der Minimalismus stellt diese Werte in Frage, indem er das Konzept des "Weniger ist mehr" propagiert. Durch die Fokussierung auf das Wesentliche können Individuen und Gemeinschaften ihre Prioritäten neu ordnen, was zu einem Wandel der gesellschaftlichen Normen führt.

Ein minimalistischer Lebensstil kann zu einer stärkeren Betonung von zwischenmenschlichen Beziehungen, persönlichem Wachstum und der Pflege der eigenen Gesundheit führen. Wenn der materielle Besitz an Bedeutung verliert, gewinnen immaterielle Werte an Bedeutung. Freundschaften, Familienbande und Gemeinschaftserlebnisse treten in den Vordergrund und fördern ein soziales Umfeld, das auf Unterstützung und gemeinschaftlichem Wohlstand basiert.

Der Minimalismus hat auch das Potenzial, soziale Gerechtigkeit zu fördern. In einer Welt, in der Ressourcen ungleich verteilt sind, kann ein reduzierter Konsum dazu beitragen, diese Ungleichheiten abzubauen. Wenn Wohlhabende ihren Verbrauch reduzieren und bewusster konsumieren, bleibt mehr für diejenigen übrig, die weniger haben. Dies kann zu einer gerechteren Verteilung von Ressourcen führen und die sozialen Spannungen verringern, die durch Ungleichheit entstehen.

Durch die Förderung eines nachhaltigen Konsumverhaltens und die Reduktion von Verschwendung können Gemeinschaften nachhaltigere und gerechtere Strukturen aufbauen. Zum Beispiel können Initiativen wie gemeinschaftliche Gärten, Tauschbörsen und Repair Cafés nicht nur den individuellen Konsum reduzieren, sondern auch Gemeinschaften stärken und soziale Bindungen fördern.

Minimalismus kann auch kulturelle Veränderungen anstoßen. In vielen Kulturen sind Feste und Rituale stark mit Konsum verbunden. Der Minimalismus bietet eine alternative Perspektive, indem er vorschlägt, diese Ereignisse auf ihre Essenz zu reduzieren und den Fokus auf die gemeinsamen Erlebnisse und das Miteinander zu legen, anstatt auf materielle Geschenke und üppige Dekorationen.

Durch die Betonung von Nachhaltigkeit und Achtsamkeit kann der Minimalismus kulturelle Praktiken beeinflussen und zu einem Umdenken führen. Beispielsweise könnten traditionelle Feste und

Feiern weniger verschwenderisch gestaltet werden, indem natürliche und wiederverwendbare Materialien verwendet werden und der Schwerpunkt auf gemeinschaftlichen Aktivitäten liegt.

Trotz der vielen Vorteile stößt der Minimalismus in der Praxis oft auf Widerstände. Gesellschaftliche Normen und tief verwurzelte kulturelle Praktiken lassen sich nicht über Nacht ändern. Menschen, die einen minimalistischen Lebensstil anstreben, können auf Unverständnis oder sogar Ablehnung stoßen, insbesondere in Gesellschaften, in denen Wohlstand und Besitz hoch geschätzt werden.

Ein weiteres Hindernis ist die allgegenwärtige Werbung und der Druck der Konsumgesellschaft, der uns ständig dazu verleitet, mehr zu kaufen und zu besitzen. Hier ist es wichtig, Bewusstsein zu schaffen und Bildung zu fördern, um den Menschen die Vorteile eines minimalistischen Lebensstils näherzubringen.

Die sozialen und kulturellen Aspekte des Minimalismus zeigen, dass dieser Lebensstil weit mehr ist als nur eine individuelle Entscheidung zur Reduktion von Besitztümern. Er kann zu tiefgreifenden Veränderungen in unseren Werten, Prioritäten und sozialen Strukturen führen. Durch die Förderung von Nachhaltigkeit, sozialen Gerechtigkeit und Gemeinschaft kann der Minimalismus einen positiven Beitrag zu einer gerechteren und harmonischeren Gesellschaft leisten. Indem wir uns auf das Wesentliche konzentrieren, können wir nicht nur unser eigenes Leben bereichern, sondern auch einen positiven Einfluss auf die Welt um uns herum ausüben.

# Minimalismus und Nachhaltigkeit

Minimalismus und Nachhaltigkeit sind zwei Konzepte, die sich auf natürliche Weise ergänzen und verstärken. Während Minimalismus darauf abzielt, das eigene Leben zu vereinfachen und sich auf das Wesentliche zu konzentrieren, fördert Nachhaltigkeit den verantwortungsvollen Umgang mit natürlichen Ressourcen und den Schutz der Umwelt. In diesem Kapitel werden wir die Verbindungen zwischen Minimalismus und Nachhaltigkeit untersuchen und aufzeigen, wie diese beiden Lebensstile gemeinsam zu einer umweltfreundlicheren und zukunftsfähigeren Welt beitragen können.

Ein zentraler Aspekt des Minimalismus ist die bewusste Entscheidung, weniger zu konsumieren. Indem wir uns auf das konzentrieren, was wir wirklich brauchen, und überflüssigen Besitz loslassen, verringern wir automatisch unseren Ressourcenverbrauch. Dies bedeutet weniger Rohstoffe, weniger Energie und weniger Wasser, die für die Produktion, den Transport und die Entsorgung von Waren benötigt werden. Jeder nicht getätigte Kauf ist ein kleiner Schritt hin zu einem geringeren ökologischen Fußabdruck.

Beispielsweise können Leser, die ihren Kleiderschrank minimalisieren, feststellen, dass sie weniger Kleidung benötigen und kaufen. Dies reduziert den Bedarf an Textilien, die oft unter umweltschädlichen Bedingungen hergestellt werden. Durch den Kauf von weniger, aber qualitativ hochwertiger Kleidung, die länger hält, tragen wir zur Verringerung des Textilabfalls bei und unterstützen nachhaltigere Produktionspraktiken.

Ein minimalistischer Lebensstil fördert auch die Wiederverwendung und Reparatur von Gegenständen, anstatt sie wegzuwerfen und durch neue zu ersetzen. Dieser Ansatz ist ein wesentlicher Bestandteil der Kreislaufwirtschaft, die darauf abzielt, Abfall zu minimieren und Ressourcen in einem geschlossenen Kreislauf zu halten.

Stellen Sie sich vor, Sie haben ein Lieblingsstück, das repariert werden kann, anstatt es wegzuwerfen. Indem Sie es reparieren, verlängern Sie die Lebensdauer des Produkts und verhindern, dass es auf einer Mülldeponie landet. Dies gilt nicht nur für Kleidung, sondern auch für Elektronik, Möbel und Haushaltsgegenstände. Durch die Förderung von Reparatur und Wiederverwendung können wir den Ressourcenverbrauch weiter senken und die Umweltbelastung reduzieren.

Minimalismus trägt auch dazu bei, Abfall und Verschwendung zu reduzieren. Indem wir bewusster konsumieren und nur das kaufen, was wir wirklich brauchen, produzieren wir weniger Müll. Dies ist besonders wichtig in einer Zeit, in der die Müllberge wachsen und die Ozeane von Plastik verschmutzt werden.

Zum Beispiel kann die Entscheidung, weniger verpackte Produkte zu kaufen oder auf Einwegplastik zu verzichten, einen großen Unterschied machen. Viele minimalistisch lebende Menschen setzen auf wiederverwendbare Alternativen wie Stoffbeutel, Edelstahlflaschen und Glasbehälter, um ihren täglichen Abfall zu minimieren. Durch solche bewussten Entscheidungen können wir unseren Beitrag zur globalen Abfallkrise reduzieren.

Ein minimalistischer Lebensstil fördert auch einen bewussteren und ethischeren Konsum. Anstatt impulsiv zu kaufen, nehmen sich Minimalisten die Zeit, über ihre Kaufentscheidungen nachzudenken und die Auswirkungen ihrer Einkäufe zu berücksichtigen. Dies bedeutet, dass sie häufiger Produkte von Unternehmen wählen, die nachhaltige und faire Produktionsmethoden anwenden.

Wenn wir uns für nachhaltige Produkte entscheiden, unterstützen wir Unternehmen, die umweltfreundliche Materialien verwenden, faire Arbeitsbedingungen bieten und nachhaltige Praktiken fördern. Dies kann einen positiven Dominoeffekt haben, indem es mehr Unternehmen dazu ermutigt, nachhaltiger zu wirtschaften und ihren ökologischen Fußabdruck zu reduzieren.

Minimalismus fördert auch die Beteiligung an gemeinschaftlichen und lokalen Initiativen, die Nachhaltigkeit unterstützen. Gemeinschaftsgärten, Tauschbörsen, Repair Cafés und lokale Bauernmärkte sind Beispiele für Initiativen, die sowohl den minimalistischen als auch den nachhaltigen Lebensstil unterstützen. Durch die Teilnahme an solchen Aktivitäten stärken wir nicht nur unsere Gemeinschaften, sondern fördern auch eine nachhaltigere und ressourcenschonendere Lebensweise.

Minimalismus und Nachhaltigkeit sind eng miteinander verknüpft und können gemeinsam zu einer umweltfreundlicheren und zukunftsfähigeren Welt beitragen. Durch die Reduzierung des Ressourcenverbrauchs, die Förderung von Wiederverwendung und Reparatur, die Verringerung von Abfall und Verschwendung, bewussten Konsum und die Unterstützung gemeinschaftlicher

Initiativen können wir einen positiven Einfluss auf unsere Umwelt und unsere Gesellschaft ausüben. Indem wir uns auf das Wesentliche konzentrieren und unsere Entscheidungen bewusst treffen, schaffen wir nicht nur ein erfüllteres Leben für uns selbst, sondern tragen auch dazu bei, eine nachhaltigere Zukunft für kommende Generationen zu sichern.

# Minimalismus und Wirtschaft

Minimalismus und Wirtschaft scheinen auf den ersten Blick widersprüchlich zu sein. Während der Minimalismus das Prinzip des "Weniger ist mehr" vertritt, basiert die moderne Wirtschaft oft auf kontinuierlichem Wachstum und ständigem Konsum. Doch bei näherer Betrachtung zeigt sich, dass der Minimalismus auch positive Auswirkungen auf die Wirtschaft haben kann. In diesem Kapitel werden wir die komplexen Zusammenhänge zwischen Minimalismus und Wirtschaft beleuchten und aufzeigen, wie minimalistische Prinzipien wirtschaftliche Praktiken und Strukturen beeinflussen können.

Der Minimalismus fordert uns auf, unseren Konsum zu überdenken und nur das zu kaufen, was wir wirklich brauchen. Auf den ersten Blick mag dies wie eine Bedrohung für eine konsumorientierte Wirtschaft erscheinen, die auf ständige Nachfrage angewiesen ist. Doch die Reduktion des Konsums kann auch positive wirtschaftliche Effekte haben. Weniger Konsum bedeutet weniger Abfall und eine geringere Belastung der natürlichen Ressourcen, was zu einer nachhaltigen Wirtschaftsweise beitragen kann.

Ein bewussterer Konsum kann Unternehmen dazu ermutigen, qualitativ hochwertigere und langlebigere Produkte zu produzieren. Dies kann zu einem Shift von Massenproduktion hin zu maßgeschneiderten, nachhaltigen und ethisch hergestellten Produkten führen. Unternehmen, die diese Prinzipien übernehmen, können sich in einem zunehmend umweltbewussten Markt differenzieren und langfristig erfolgreich sein.

Minimalismus kann zur Förderung nachhaltiger Geschäftsmodelle beitragen. Unternehmen, die sich auf Nachhaltigkeit und Langlebigkeit konzentrieren, können durch minimalistische Konsumgewohnheiten unterstützt werden. Beispielsweise können Firmen, die auf Recycling, Wiederverwendung und Reparatur setzen, von einem Markt profitieren, der weniger, aber bewusster konsumiert.

Ein weiteres Beispiel sind Sharing-Economy-Modelle, die durch den Minimalismus an Bedeutung gewinnen. Plattformen, die den gemeinsamen Nutzen von Ressourcen ermöglichen, wie Carsharing-Dienste oder Gemeinschaftswerkstätten, passen gut zu einem minimalistischen Lebensstil. Diese Geschäftsmodelle reduzieren den individuellen Besitz und fördern den gemeinschaftlichen Nutzen von Ressourcen, was zu einer effizienteren und nachhaltigeren Nutzung führt.

Ein minimalistischer Lebensstil kann auch zur wirtschaftlichen Resilienz und Stabilität beitragen. Weniger Konsum bedeutet oft weniger Verschuldung und ein bewussterer Umgang mit Geld. Dies kann zu einer stabileren finanziellen Situation für Einzelpersonen und Haushalte führen. Wenn Menschen weniger Geld für unnötige Güter ausgeben, haben sie mehr finanzielle Reserven für Notfälle und können besser mit wirtschaftlichen Unsicherheiten umgehen.

Auf makroökonomischer Ebene kann eine solche finanzielle Resilienz auch die Stabilität der Wirtschaft insgesamt fördern. Weniger verschuldete Haushalte bedeuten weniger Risiko für Banken und Finanzinstitutionen, was zu einer stabileren Finanzlandschaft beitragen kann. Eine Wirtschaft, die nicht ausschließlich auf ständigem Wachstum und Konsum basiert, sondern auch auf Nachhaltigkeit und Stabilität, kann besser auf globale Herausforderungen reagieren.

Trotz der potenziellen Vorteile bringt der Minimalismus auch Herausforderungen für die Wirtschaft mit sich. Branchen, die stark auf Konsum angewiesen sind, könnten Umsatzeinbußen erleben. Arbeitsplätze, die von der Massenproduktion und dem schnellen Verbrauch abhängen, könnten gefährdet sein. Daher ist eine Anpassung und Transformation der Wirtschaftsstrukturen notwendig.

Unternehmen müssen innovative Wege finden, um in einem Markt zu bestehen, der weniger konsumiert. Dies könnte durch die Diversifizierung der Dienstleistungen, die Fokussierung auf Nachhaltigkeit und die Einführung von Abonnement- oder Service-Modellen geschehen. Bildung und Weiterbildung spielen eine entscheidende Rolle, um Arbeitskräfte auf die Veränderungen vorzubereiten und neue, nachhaltige Berufsfelder zu fördern.

Minimalismus und Wirtschaft stehen nicht zwangsläufig im Widerspruch zueinander. Durch die Reduktion des Konsums, die Förderung nachhaltiger Geschäftsmodelle und die Erhöhung der wirtschaftlichen Resilienz kann der Minimalismus positive wirtschaftliche Veränderungen anstoßen. Trotz der Herausforderungen bietet der Minimalismus eine Chance, wirtschaftliche Praktiken und Strukturen in Richtung Nachhaltigkeit und Stabilität zu transformieren. Indem wir bewusster konsumieren und unsere wirtschaftlichen Entscheidungen überdenken, können wir nicht nur unser eigenes Leben verbessern, sondern auch zur

Schaffung einer zukunftsfähigen und gerechteren Wirtschaft beitragen.

# Erfolgsstories und Inspiration

Minimalismus ist nicht nur eine Theorie oder eine abstrakte Idee, sondern ein Lebensstil, der das Leben vieler Menschen weltweit positiv verändert hat. In diesem Kapitel werden wir inspirierende Geschichten von Menschen teilen, die den minimalistischen Lebensstil angenommen haben. Ihre Erfahrungen und Erfolge zeigen, wie Minimalismus zu mehr Zufriedenheit, Klarheit und Freiheit führen kann.

**Joshua Fields Millburn und Ryan Nicodemus – The Minimalists**

Joshua Fields Millburn und Ryan Nicodemus, bekannt als The Minimalists, gehören zu den prominentesten Befürwortern des minimalistischen Lebensstils. Beide waren früher in gut bezahlten, aber stressigen Jobs tätig und hatten das, was viele als den amerikanischen Traum ansehen würden: hohe Einkommen, große Häuser und jede Menge Besitz. Dennoch fühlten sie sich unzufrieden und überfordert.

Nach dem Tod seiner Mutter und dem Ende seiner Ehe beschloss Joshua, sein Leben grundlegend zu ändern. Er begann, seine Besitztümer zu reduzieren und sich auf das Wesentliche zu konzentrieren. Inspiriert von Joshuas Veränderung, schloss sich Ryan ihm an. Gemeinsam starteten sie The Minimalists, eine Plattform, auf der sie ihre Reise und die Prinzipien des Minimalismus teilen. Ihre Bücher, Dokumentationen und Vorträge haben Millionen von Menschen inspiriert, ihr eigenes Leben zu überdenken und zu vereinfachen.

**Courtney Carver – Be More with Less**

Courtney Carver ist eine weitere inspirierende Persönlichkeit im Bereich Minimalismus. Nachdem bei ihr Multiple Sklerose diagnostiziert wurde, erkannte sie, dass der Stress und die Belastungen ihres Lebensstils ihre Gesundheit negativ beeinflussten. Sie entschied sich, ihr Leben radikal zu vereinfachen.

Courtney begann damit, ihre Garderobe zu minimalisieren und startete das Project 333, bei dem sie sich auf nur 33 Kleidungsstücke pro Saison beschränkte. Diese Erfahrung führte sie zu weiteren Vereinfachungen in anderen Bereichen ihres Lebens. Durch ihren Blog "Be More with Less" und ihre Bücher teilt sie ihre Reise und bietet praktische Tipps, wie man durch Minimalismus ein erfüllteres und gesünderes Leben führen kann.

**Leo Babauta – Zen Habits**

Leo Babauta, der Schöpfer des Blogs Zen Habits, ist ein weiteres Beispiel dafür, wie Minimalismus das Leben verändern kann. Leo, Vater von sechs Kindern, fühlte sich früher oft gestresst und überfordert. Er beschloss, sein Leben zu vereinfachen, indem er unnötige Verpflichtungen, Besitztümer und Gewohnheiten eliminierte.

Durch den Fokus auf Achtsamkeit und einfache Lebensgewohnheiten hat Leo nicht nur seine eigene Lebensqualität verbessert, sondern auch Millionen von Lesern weltweit inspiriert. Sein Blog, der minimalistische Lebensstile, Gewohnheitsänderungen und Achtsamkeit thematisiert, zählt zu den meistgelesenen Blogs im Bereich Persönlichkeitsentwicklung.

**Fumio Sasaki – Goodbye, Things**

Fumio Sasaki, ein japanischer Autor und Minimalist, bietet eine weitere inspirierende Erfolgsstory. In seinem Buch "Goodbye, Things" beschreibt er, wie er sich von einem unzufriedenen, überarbeiteten Menschen in einen zufriedenen Minimalisten verwandelte. Fumio begann, sich von fast allen seinen Besitztümern zu trennen und nur die Dinge zu behalten, die ihm wirklich Freude bereiteten.

Seine Geschichte zeigt, dass Minimalismus nicht nur eine ästhetische Entscheidung ist, sondern tiefgreifende positive Veränderungen im Leben bewirken kann. Durch seine Erfahrungen und Einsichten hat Fumio viele Menschen dazu inspiriert, den Wert des Weniger zu entdecken und ein bewussteres, erfüllteres Leben zu führen.

**Die Tiny House Bewegung**

Die Tiny House Bewegung ist ein weiteres Beispiel dafür, wie Minimalismus das Leben vieler Menschen positiv beeinflusst hat. Menschen weltweit entscheiden sich, in kleinen, nachhaltigen Häusern zu leben, die oft weniger als 30 Quadratmeter groß sind. Diese Entscheidung wird oft von dem Wunsch nach einem einfacheren, umweltfreundlicheren und finanziell unabhängigeren Lebensstil motiviert.

Tiny House Bewohner berichten von einer erhöhten Lebensqualität, da sie weniger Zeit und Geld für die Instandhaltung und Reinigung ihres Zuhauses aufwenden müssen. Stattdessen können sie ihre Ressourcen auf Erfahrungen, Reisen und zwischenmenschliche Beziehungen konzentrieren. Die Bewegung hat viele inspiriert, ihre

Wohnräume und Lebensstile zu überdenken und minimalistische Prinzipien in ihren Alltag zu integrieren.

Diese Erfolgsstories zeigen, dass Minimalismus weit mehr ist als nur das Reduzieren von Besitztümern. Es ist ein Lebensstil, der zu mehr Zufriedenheit, Klarheit und Freiheit führen kann. Die Geschichten von Joshua Fields Millburn und Ryan Nicodemus, Courtney Carver, Leo Babauta, Fumio Sasaki und der Tiny House Bewegung bieten inspirierende Beispiele dafür, wie Minimalismus positive Veränderungen bewirken kann. Sie ermutigen uns, unsere eigenen Lebensweisen zu hinterfragen und die Prinzipien des Minimalismus auszuprobieren, um ein erfüllteres und bewussteres Leben zu führen.

# Minimalismus in verschiedenen Lebensphasen

Minimalismus ist ein flexibler Lebensstil, der sich an unterschiedliche Lebensphasen und -situationen anpassen lässt. Egal ob in der Jugend, im Erwachsenenalter oder im Ruhestand – minimalistische Prinzipien können in jeder Phase des Lebens zu mehr Klarheit, Zufriedenheit und Freiheit führen. In diesem Kapitel werden wir untersuchen, wie Minimalismus in verschiedenen Lebensphasen umgesetzt werden kann und welche besonderen Vorteile und Herausforderungen dabei entstehen.

**Jugend und junge Erwachsene**

Die Jugend und die frühen Erwachsenenjahre sind oft geprägt von Entdeckungen, Veränderungen und dem Wunsch nach Selbstverwirklichung. In dieser Lebensphase kann Minimalismus dazu beitragen, den Fokus auf das Wesentliche zu legen und unnötige Ablenkungen zu vermeiden.

Für Jugendliche und junge Erwachsene bedeutet Minimalismus häufig, sich auf das zu konzentrieren, was ihnen wirklich wichtig ist. Dies kann bedeuten, sich von materiellem Ballast zu befreien und bewusste Entscheidungen über Bildung, Karriere und soziale Beziehungen zu treffen. Beispielsweise könnte ein junger Erwachsener entscheiden, anstatt viele Besitztümer anzuhäufen, lieber in Erfahrungen wie Reisen oder Weiterbildung zu investieren.

Ein weiterer Vorteil des Minimalismus in dieser Lebensphase ist die finanzielle Freiheit. Indem junge Menschen früh lernen, ihre

Ausgaben zu kontrollieren und sich nicht von Konsumzwängen leiten zu lassen, können sie Schulden vermeiden und ein stabiles finanzielles Fundament für die Zukunft aufbauen.

**Erwachsene und Familiengründung**

Das Erwachsenenalter bringt oft neue Verantwortlichkeiten mit sich, insbesondere wenn es um die Gründung einer Familie geht. Hier kann Minimalismus helfen, ein ausgewogenes und stressfreies Leben zu führen, indem er den Fokus auf das Wesentliche lenkt und hilft, den Alltag zu vereinfachen.

Für Erwachsene und Familien bedeutet Minimalismus oft, ein einfacheres und organisierteres Zuhause zu schaffen. Weniger Besitztümer führen zu weniger Chaos und erleichtern die Hausarbeit. Dies schafft mehr Zeit für gemeinsame Aktivitäten und die Pflege von Beziehungen. Eltern können ihren Kindern durch ein minimalistisches Lebensumfeld wertvolle Lektionen über die Bedeutung von Einfachheit, Achtsamkeit und Nachhaltigkeit vermitteln.

Darüber hinaus kann Minimalismus auch finanzielle Vorteile bieten, besonders in der teuren Phase der Familiengründung. Durch bewussten Konsum und das Vermeiden von unnötigen Ausgaben können Familien ihre finanzielle Stabilität verbessern und mehr Ressourcen für wichtige Bedürfnisse und Wünsche zur Verfügung haben.

**Mittleres Alter**

Das mittlere Alter ist oft eine Zeit der Reflexion und Neubewertung. Viele Menschen beginnen, ihre bisherigen Lebensentscheidungen zu überdenken und neue Prioritäten zu setzen. Minimalismus kann in dieser Phase des Lebens zu mehr Klarheit und Fokus führen.

Menschen im mittleren Alter, die möglicherweise bereits eine beträchtliche Menge an Besitztümern angesammelt haben, können von einer Entrümpelung und Vereinfachung profitieren. Dies kann nicht nur physischen Raum schaffen, sondern auch geistige Freiheit und Erleichterung bringen. Es kann eine Zeit sein, sich von Dingen zu trennen, die nicht mehr gebraucht oder geschätzt werden, und sich auf das zu konzentrieren, was wirklich zählt.

Beruflich kann Minimalismus helfen, sich auf wesentliche Aufgaben und Ziele zu fokussieren und Überarbeitung sowie Burnout zu vermeiden. Dies führt zu einer besseren Work-Life-Balance und erhöht die Zufriedenheit sowohl im beruflichen als auch im privaten Leben.

**Ruhestand und ältere Erwachsene**

Der Ruhestand ist eine Phase, in der Minimalismus besonders wertvoll sein kann. Da viele ältere Erwachsene ihre Lebensweise an ihre veränderten Bedürfnisse und Fähigkeiten anpassen müssen, kann ein minimalistischer Ansatz helfen, diese Übergänge zu erleichtern.

Minimalismus im Ruhestand bedeutet oft, sich von Besitztümern zu trennen, die nicht mehr benötigt werden, und ein einfacheres, leichter zu pflegendes Zuhause zu schaffen. Dies kann den Alltag erheblich erleichtern und mehr Zeit und Energie für Aktivitäten lassen, die Freude bereiten, wie Hobbys, Reisen oder Zeit mit Familie und Freunden zu verbringen.

Ältere Erwachsene können auch von den finanziellen Vorteilen des Minimalismus profitieren. Weniger Ausgaben für unnötige Dinge und eine vereinfachte Lebensweise können dazu beitragen, dass die finanziellen Ressourcen im Ruhestand länger reichen und mehr Sicherheit bieten.

Minimalismus ist ein Lebensstil, der sich flexibel an die verschiedenen Phasen des Lebens anpassen lässt. Ob in der Jugend, im Erwachsenenalter, im mittleren Alter oder im Ruhestand – minimalistische Prinzipien können helfen, das Leben zu vereinfachen, Stress zu reduzieren und die Zufriedenheit zu erhöhen. Durch den bewussten Fokus auf das Wesentliche und die Reduktion von Ballast, sowohl physisch als auch mental, können Menschen in jeder Lebensphase die Vorteile des Minimalismus genießen und ein erfüllteres, freieres Leben führen.

# Hindernisse in der Umsetzung

Der Übergang zu einem minimalistischen Lebensstil ist eine Reise, die mit vielen Herausforderungen und Hindernissen verbunden sein kann. Trotz der zahlreichen Vorteile, die Minimalismus bietet, können verschiedene interne und externe Faktoren den Prozess erschweren. In diesem Kapitel werden wir einige der häufigsten Hindernisse bei der Umsetzung des Minimalismus betrachten und Strategien vorstellen, wie man diese überwinden kann.

Eine der größten Herausforderungen bei der Umsetzung des Minimalismus sind die emotionalen Bindungen, die wir zu unseren Besitztümern haben. Erinnerungsstücke, Geschenke und Familienerbstücke sind oft mit starken Gefühlen und Erinnerungen verbunden. Der Gedanke, sich von diesen Gegenständen zu trennen, kann daher schwierig und schmerzhaft sein.

Um dieses Hindernis zu überwinden, ist es hilfreich, sich auf den Wert der Erinnerungen und nicht auf die physischen Objekte selbst zu konzentrieren. Es kann nützlich sein, nur die wirklich bedeutsamen Stücke zu behalten und den Rest in Form von Fotos oder digitalisierten Erinnerungen zu bewahren. Ein bewusster Umgang mit den eigenen Gefühlen und das Erkennen, dass Erinnerungen im Herzen und nicht in Dingen leben, kann den Prozess erleichtern.

Ein weiteres Hindernis für Minimalismus ist der gesellschaftliche Druck und die Erwartung, einen bestimmten Lebensstil oder Status zu präsentieren. In vielen Kulturen wird materieller Besitz mit Erfolg und Wohlstand gleichgesetzt. Dies kann zu einem starken inneren und äußeren Druck führen, mehr zu besitzen und zu konsumieren.

Um diesem Druck entgegenzuwirken, ist es wichtig, sich auf die eigenen Werte und Ziele zu besinnen. Die Erkenntnis, dass persönliches Glück und Erfüllung nicht von materiellem Besitz abhängen, kann befreiend wirken. Der Austausch mit Gleichgesinnten und der Beitritt zu minimalistischen Gemeinschaften können ebenfalls unterstützen, indem sie eine alternative Perspektive und Rückhalt bieten.

Die Angst vor Veränderung ist ein weiteres bedeutendes Hindernis. Ein minimalistischer Lebensstil erfordert oft grundlegende Veränderungen in den täglichen Gewohnheiten und Denkweisen. Dies kann Unsicherheit und Angst hervorrufen, besonders wenn man sich an bestimmte Komfortzonen gewöhnt hat.

Um diese Angst zu überwinden, ist es hilfreich, schrittweise vorzugehen. Kleine, machbare Schritte können den Übergang erleichtern und das Vertrauen in den Prozess stärken. Zum Beispiel kann man damit beginnen, einen Raum oder eine Kategorie von Gegenständen zu minimalisieren, bevor man sich größeren Projekten widmet. Eine positive Einstellung zur Veränderung und das Bewusstsein, dass jeder kleine Fortschritt zählt, können ebenfalls motivierend wirken.

Oftmals kann der Minimalismus auch auf Unverständnis und fehlende Unterstützung aus dem Umfeld stoßen. Freunde und Familie verstehen möglicherweise nicht, warum man diesen Lebensstil wählt, und können skeptisch oder sogar ablehnend reagieren.

In solchen Fällen ist es wichtig, offen und ehrlich über die eigenen Beweggründe und Ziele zu kommunizieren. Das Teilen von Wissen und Erfahrungen kann helfen, Missverständnisse auszuräumen und Unterstützung zu gewinnen. Es kann auch hilfreich sein, sich mit anderen Minimalisten auszutauschen, die ähnliche Erfahrungen gemacht haben, um sich gegenseitig zu unterstützen und zu inspirieren.

Praktische Herausforderungen können ebenfalls ein Hindernis darstellen. Dazu gehören begrenzter Platz, insbesondere in kleinen Wohnungen, und logistische Schwierigkeiten beim Entrümpeln und Organisieren. Das Finden von nachhaltigen und ethischen Alternativen zu bestehenden Besitztümern kann ebenfalls eine Herausforderung sein.

Um diese praktischen Hürden zu überwinden, ist es hilfreich, systematisch vorzugehen und sich Zeit zu nehmen. Eine detaillierte Planung und das Setzen realistischer Ziele können den Prozess strukturieren und erleichtern. Darüber hinaus kann die Nutzung von Ressourcen wie Second-Hand-Läden, Online-Plattformen und Gemeinschaftsinitiativen helfen, nachhaltige Lösungen zu finden und den minimalistischen Lebensstil zu unterstützen.

Der Weg zum Minimalismus ist mit verschiedenen Hindernissen und Herausforderungen verbunden. Emotionale Bindungen, gesellschaftlicher Druck, Angst vor Veränderung, fehlende

Unterstützung und praktische Schwierigkeiten können den Prozess erschweren. Doch mit bewusster Reflexion, schrittweisem Vorgehen und einer positiven Einstellung lassen sich diese Hindernisse überwinden. Indem man sich auf die eigenen Werte konzentriert und Unterstützung sucht, kann der Übergang zu einem minimalistischen Lebensstil gelingen und langfristig zu mehr Zufriedenheit, Klarheit und Freiheit führen.

# Strategien zur Überwindung

Die Umsetzung eines minimalistischen Lebensstils bringt Herausforderungen mit sich, doch es gibt viele bewährte Strategien, um diese Hindernisse zu überwinden. In diesem Kapitel werden wir konkrete Methoden und Ansätze vorstellen, die Ihnen helfen können, den Übergang zum Minimalismus erfolgreich zu meistern und langfristig beizubehalten.

**Schrittweises Vorgehen**

Eine der effektivsten Strategien, um den Minimalismus zu implementieren, ist das schrittweise Vorgehen. Anstatt sofort alle Besitztümer radikal zu reduzieren, kann ein langsamer und methodischer Ansatz weniger überwältigend sein.

1. **Raum für Raum:** Beginnen Sie mit einem Raum oder Bereich in Ihrem Zuhause. Dies könnte das Schlafzimmer, die Küche oder der Kleiderschrank sein. Fokussieren Sie sich darauf, diesen Raum zu entrümpeln und zu organisieren, bevor Sie zum nächsten übergehen.

2. **Kategorie für Kategorie:** Alternativ können Sie nach Kategorien vorgehen, z.B. Kleidung, Bücher oder Küchenutensilien. Dies ermöglicht es Ihnen, systematisch und fokussiert vorzugehen.

3. **30-Tage-Minimalismus-Challenge:** Nehmen Sie sich vor, jeden Tag einen Gegenstand zu entfernen, den Sie nicht mehr benötigen. Am ersten Tag einen, am zweiten Tag zwei, und so

weiter. Dies baut sich langsam auf und macht den Prozess überschaubar.

## Bewusster Konsum

Minimalismus bedeutet nicht nur, sich von Überflüssigem zu trennen, sondern auch bewusster zu konsumieren. Diese Strategie hilft, unnötige Neuanschaffungen zu vermeiden und nachhaltigere Entscheidungen zu treffen.

1. **Bedürfnisse vs. Wünsche:** Bevor Sie einen neuen Gegenstand kaufen, fragen Sie sich, ob Sie ihn wirklich benötigen oder ob es nur ein vorübergehender Wunsch ist. Nutzen Sie eine 30-Tage-Warteliste für größere Anschaffungen, um Impulskäufe zu vermeiden.
2. **Qualität über Quantität:** Investieren Sie in hochwertige, langlebige Produkte anstatt in billige, kurzlebige Artikel. Dies spart langfristig Geld und reduziert Abfall.
3. **Nachhaltige Alternativen:** Suchen Sie nach umweltfreundlichen und ethisch produzierten Alternativen. Second-Hand-Läden, Tauschbörsen und Online-Marktplätze bieten oft nachhaltige Optionen.

## Emotionale Bindungen lösen

Der Umgang mit emotionalen Bindungen zu Besitztümern ist oft eine der größten Hürden im Minimalismus. Hier sind einige Strategien, um diese Herausforderung zu meistern:

1. **Erinnerungen bewahren:** Fotografieren Sie sentimentale Gegenstände, bevor Sie sich von ihnen trennen. So können Sie die Erinnerungen behalten, ohne den physischen Raum zu beanspruchen.
2. **Dankbarkeit üben:** Nehmen Sie sich Zeit, um jedem Gegenstand, den Sie loslassen, bewusst zu danken. Dies kann Ihnen helfen, die emotionale Bindung zu lösen und sich leichter von ihm zu trennen.
3. **Ehrlichkeit und Reflexion:** Fragen Sie sich, warum Sie an bestimmten Gegenständen hängen. Ist es der Gegenstand selbst oder die Erinnerung dahinter? Diese Reflexion kann helfen, klarer zu sehen und bewusster Entscheidungen zu treffen.

## Unterstützung suchen

Der Weg zum Minimalismus kann durch die Unterstützung von Gleichgesinnten erleichtert werden. Soziale Netzwerke und Gemeinschaften bieten wertvolle Ressourcen und Inspiration.

1. **Minimalistische Gemeinschaften:** Treten Sie Online-Gruppen oder lokalen Gemeinschaften bei, die sich dem Minimalismus widmen. Der Austausch mit anderen kann motivieren und neue Perspektiven bieten.
2. **Familie und Freunde einbeziehen:** Teilen Sie Ihre Ziele und Fortschritte mit Ihren Angehörigen. Auch wenn nicht jeder sofort Verständnis zeigt, kann offene Kommunikation helfen, Unterstützung zu gewinnen.

3. **Mentoren und Vorbilder:** Suchen Sie sich Vorbilder oder Mentoren, die den minimalistischen Lebensstil erfolgreich leben. Ihre Erfahrungen und Ratschläge können wertvolle Orientierung bieten.

## Praktische Werkzeuge und Methoden

Es gibt viele praktische Werkzeuge und Methoden, die Ihnen helfen können, den Minimalismus in Ihrem Alltag umzusetzen.

1. **KonMari-Methode:** Diese Methode, entwickelt von Marie Kondo, basiert auf dem Prinzip, nur Dinge zu behalten, die Freude bereiten. Gehen Sie Ihre Besitztümer durch und fragen Sie sich bei jedem Gegenstand, ob er Ihnen Freude bringt.
2. **Digitale Minimalisierung:** Übertragen Sie minimalistische Prinzipien auf Ihre digitale Welt. Bereinigen Sie Ihre E-Mails, Dateien und sozialen Medien, um digitale Überlastung zu vermeiden.
3. **Minimalismus-Apps:** Nutzen Sie Apps, die Ihnen helfen, organisiert zu bleiben und Ihren Fortschritt zu verfolgen. Apps wie "Trello" oder "Evernote" können nützlich sein, um Aufgaben und Projekte zu managen.

## Selbstfürsorge und Achtsamkeit

Minimalismus ist nicht nur eine physische Veränderung, sondern auch eine mentale und emotionale. Selbstfürsorge und Achtsamkeit spielen dabei eine wichtige Rolle.

1. **Achtsamkeit praktizieren:** Integrieren Sie Achtsamkeitsübungen in Ihren Alltag, um bewusster mit Ihren Entscheidungen umzugehen. Meditation und Journaling können helfen, Klarheit und Fokus zu fördern.
2. **Stressmanagement:** Ein minimalistischer Lebensstil kann dabei helfen, Stress zu reduzieren. Praktizieren Sie Techniken wie Yoga oder Atemübungen, um Ihren Geist zu beruhigen und im Gleichgewicht zu bleiben.
3. **Selbstreflexion:** Nehmen Sie sich regelmäßig Zeit, um Ihre Fortschritte zu reflektieren und Ihre Ziele neu zu bewerten. Dies hilft Ihnen, auf Ihrem Weg zu bleiben und sich an veränderte Umstände anzupassen.

Der Übergang zu einem minimalistischen Lebensstil erfordert Geduld, Engagement und bewusste Entscheidungen. Durch schrittweises Vorgehen, bewussten Konsum, das Lösen emotionaler Bindungen, das Suchen nach Unterstützung, den Einsatz praktischer Werkzeuge und Methoden sowie die Pflege von Selbstfürsorge und Achtsamkeit können die Hindernisse des Minimalismus überwunden werden. Diese Strategien bieten eine solide Grundlage, um den minimalistischen Lebensstil erfolgreich zu integrieren und langfristig beizubehalten. Indem Sie sich auf das Wesentliche konzentrieren und unnötigen Ballast loslassen, können Sie ein erfüllteres und freieres Leben führen.

# Zusammenfassung der wichtigsten Punkte

Minimalismus ist mehr als nur ein Trend – es ist ein bewusster Lebensstil, der auf der Reduktion von Überflüssigem und dem Fokus auf das Wesentliche basiert. Im Laufe dieses Buches haben wir verschiedene Aspekte und Facetten des minimalistischen Lebensstils untersucht. Hier fassen wir die wichtigsten Punkte zusammen:

**Was ist Minimalismus?**

Minimalismus ist der bewusste Verzicht auf unnötigen materiellen Besitz und das Streben nach Einfachheit und Klarheit in allen Lebensbereichen. Es geht darum, sich auf das zu konzentrieren, was wirklich zählt und Freude bringt, während man alles Überflüssige loslässt.

**Ursprünge und Bedeutung**

Der Minimalismus hat seine Wurzeln in verschiedenen kulturellen und philosophischen Traditionen, darunter Zen-Buddhismus und westliche Bewegungen wie die der Transzendentalisten. Er zielt darauf ab, ein erfülltes und bedeutungsvolles Leben zu führen, indem man sich von materiellen Zwängen befreit.

**Grundprinzipien des Minimalismus**

Die zentralen Prinzipien des Minimalismus umfassen:

- **Bewusster Konsum:** Kaufentscheidungen werden bewusst getroffen, wobei Qualität und Notwendigkeit im Vordergrund stehen.
- **Entrümpelung:** Reduktion von Besitz auf das Wesentliche, was zu einem übersichtlicheren und organisierten Lebensraum führt.
- **Achtsamkeit:** Fokus auf gegenwärtige Momente und bewusste Lebensführung.
- **Nachhaltigkeit:** Bevorzugung umweltfreundlicher und ethischer Produkte und Praktiken.

## Vorteile des minimalistischen Lebensstils

Ein minimalistischer Lebensstil bietet zahlreiche Vorteile:

- **Klarheit und Fokus:** Weniger Ablenkungen ermöglichen es, sich auf das Wesentliche zu konzentrieren.
- **Finanzielle Freiheit:** Durch reduzierten Konsum können finanzielle Ressourcen besser genutzt und Schulden vermieden werden.
- **Weniger Stress:** Ein einfacheres Leben führt zu weniger Chaos und mehr Ruhe.
- **Mehr Zeit:** Durch weniger Besitz und Verpflichtungen bleibt mehr Zeit für bedeutungsvolle Aktivitäten und Beziehungen.

## Umsetzung im Alltag

Die Umsetzung des Minimalismus im Alltag erfordert bewusste Entscheidungen und kontinuierliche Anstrengungen. Wichtige Bereiche umfassen:

- **Wohnraum:** Schaffung eines aufgeräumten, funktionalen und angenehmen Wohnumfelds.
- **Kleidung:** Aufbau einer minimalistischen Garderobe, die vielseitig und praktisch ist.
- **Konsumverhalten:** Reduktion von Impulskäufen und Fokus auf nachhaltigen Konsum.
- **Zeitmanagement:** Bewusste Planung und Nutzung der Zeit für wertvolle Aktivitäten.
- **Digitale Welt:** Minimalisierung digitaler Ablenkungen und Überlastungen.

**Hindernisse und Strategien zur Überwindung**

Der Übergang zu einem minimalistischen Lebensstil kann durch verschiedene Hindernisse erschwert werden:

- **Emotionale Bindungen:** Umgang mit sentimentalen Gegenständen.
- **Gesellschaftlicher Druck:** Überwindung externer Erwartungen und Konsumzwänge.
- **Angst vor Veränderung:** Schrittweises Vorgehen und kleine Erfolge zur Stärkung des Selbstvertrauens.
- **Fehlende Unterstützung:** Suche nach Gleichgesinnten und Austausch von Erfahrungen.

Strategien zur Überwindung dieser Hindernisse umfassen:

- **Schrittweises Vorgehen:** Raum für Raum oder Kategorie für Kategorie entrümpeln.

- **Bewusster Konsum:** Fokus auf Qualität und Notwendigkeit bei Kaufentscheidungen.
- **Achtsamkeit und Reflexion:** Regelmäßige Selbstreflexion und bewusste Lebensführung.
- **Unterstützung suchen:** Austausch mit Gleichgesinnten und Suche nach Vorbildern und Mentoren.

## Erfolgsstories und Inspiration

Inspiration und Motivation können durch Geschichten von Menschen gewonnen werden, die den minimalistischen Lebensstil erfolgreich leben. Diese Geschichten zeigen, dass Minimalismus nicht nur zu einem einfacheren Leben führt, sondern auch zu mehr Zufriedenheit, Klarheit und Freiheit.

## Minimalismus in verschiedenen Lebensphasen

Minimalismus kann in jeder Lebensphase vorteilhaft sein:

- **Jugend und junge Erwachsene:** Fokus auf Selbstverwirklichung und finanzielle Unabhängigkeit.
- **Erwachsene und Familiengründung:** Vereinfachung des Alltags und Schaffung eines harmonischen Familienlebens.
- **Mittleres Alter:** Reflexion und Neubewertung von Prioritäten.
- **Ruhestand und ältere Erwachsene:** Erleichterung des Alltags und mehr Zeit für bedeutungsvolle Aktivitäten.

Minimalismus ist ein flexibler und anpassungsfähiger Lebensstil, der in jedem Lebensabschnitt zu mehr Erfüllung und Zufriedenheit führen kann. Durch bewusste Entscheidungen, kontinuierliche Reflexion und das Loslassen von Überflüssigem können wir ein Leben führen, das auf das Wesentliche fokussiert ist. Indem wir die Hindernisse überwinden und die Prinzipien des Minimalismus in unserem Alltag umsetzen, schaffen wir Raum für das, was wirklich zählt.

# Zukunftsperspektiven des Minimalismus

Der Minimalismus hat in den letzten Jahren zunehmend an Popularität gewonnen, und es ist zu erwarten, dass dieser Trend in Zukunft weiter an Bedeutung gewinnen wird. Angesichts globaler Herausforderungen wie Umweltverschmutzung, Ressourcenknappheit und der Suche nach mehr Lebensqualität bietet der Minimalismus Lösungen, die sowohl individuell als auch gesellschaftlich relevant sind. In diesem Kapitel betrachten wir die möglichen Zukunftsperspektiven des Minimalismus und seine potenziellen Auswirkungen auf verschiedene Lebensbereiche.

**Wachstum der Minimalismus-Bewegung**

Die Minimalismus-Bewegung hat sich von einer kleinen Nischenbewegung zu einem globalen Trend entwickelt. Dies zeigt sich in der zunehmenden Verbreitung minimalistischer Blogs, Bücher, Dokumentarfilme und Online-Communities. Diese Bewegung wird voraussichtlich weiter wachsen, da immer mehr Menschen die Vorteile eines minimalistischen Lebensstils erkennen und anstreben.

Besonders junge Generationen, die mit Umweltproblemen und wirtschaftlichen Unsicherheiten konfrontiert sind, zeigen ein wachsendes Interesse an einem nachhaltigen und bewussten Lebensstil. Schulen und Universitäten beginnen, Themen wie Nachhaltigkeit und bewussten Konsum in ihre Lehrpläne aufzunehmen, was das Bewusstsein für Minimalismus weiter fördern wird.

**Technologischer Fortschritt und Minimalismus**

Der technologische Fortschritt bietet neue Möglichkeiten, den minimalistischen Lebensstil zu unterstützen und zu erweitern. Smart Home-Technologien können helfen, den Wohnraum effizienter zu gestalten und den Energieverbrauch zu minimieren. Digitale Tools und Apps erleichtern das Management von Besitztümern, Finanzen und Zeit, und fördern so eine bewusste Lebensführung.

Zudem ermöglicht die digitale Transformation den Zugang zu Informationen und Ressourcen, die es einfacher machen, minimalistische Prinzipien in den Alltag zu integrieren. Online-Marktplätze für gebrauchte Waren, Plattformen für das Teilen von Gegenständen und Dienstleistungen sowie Apps für nachhaltigen Konsum werden immer beliebter und tragen zur Verbreitung des Minimalismus bei.

**Nachhaltigkeit und Minimalismus**

Der Zusammenhang zwischen Minimalismus und Nachhaltigkeit wird in Zukunft eine zentrale Rolle spielen. Angesichts der globalen Umweltkrise suchen immer mehr Menschen nach Lebensstilen, die einen geringeren ökologischen Fußabdruck hinterlassen. Minimalismus fördert einen bewussten Konsum, der auf Langlebigkeit und Qualität statt auf Quantität setzt.

Diese Einstellung führt zu weniger Abfall, geringerer Umweltverschmutzung und einem verantwortungsvolleren Umgang mit natürlichen Ressourcen. Unternehmen, die nachhaltige und langlebige Produkte anbieten, werden von diesem Trend profitieren und sich auf dem Markt behaupten. Der Minimalismus könnte somit einen wichtigen Beitrag zur globalen Nachhaltigkeitsbewegung leisten und den Weg für eine umweltbewusstere Zukunft ebnen.

## Veränderungen in der Arbeitswelt

Die Arbeitswelt steht vor einem grundlegenden Wandel, und der Minimalismus könnte dabei eine wichtige Rolle spielen. Immer mehr Menschen suchen nach einer besseren Work-Life-Balance und hinterfragen traditionelle Arbeitsmodelle. Flexible Arbeitszeiten, Remote-Arbeit und Job-Sharing-Modelle bieten die Möglichkeit, die Arbeit besser in das persönliche Leben zu integrieren und mehr Raum für Erholung und persönliche Interessen zu schaffen.

Unternehmen, die diese Bedürfnisse erkennen und unterstützen, können von zufriedeneren und produktiveren Mitarbeitern profitieren. Minimalismus im Arbeitsumfeld bedeutet auch, sich auf wesentliche Aufgaben zu konzentrieren, Ablenkungen zu minimieren und effizientere Arbeitsprozesse zu entwickeln. Dies kann zu einer höheren Produktivität und Zufriedenheit am Arbeitsplatz führen.

## Gesellschaftliche Veränderungen

Der Minimalismus hat das Potenzial, tiefgreifende gesellschaftliche Veränderungen zu bewirken. Indem Menschen bewusster leben und konsumieren, können sie soziale Ungleichheiten reduzieren und eine gerechtere Verteilung von Ressourcen fördern. Gemeinschaften, die auf Zusammenarbeit und Teilen basieren, können entstehen und wachsen.

Der Minimalismus kann auch zu einer Kultur des Gebens und Teilens beitragen, bei der Menschen weniger Wert auf Besitz und mehr Wert auf Beziehungen und Gemeinschaft legen. Dies könnte zu einer stärkeren sozialen Kohäsion und einem größeren Gemeinschaftsgefühl führen, da Menschen erkennen, dass ihr Glück nicht von materiellem Reichtum abhängt, sondern von den Beziehungen und Erfahrungen, die sie mit anderen teilen.

**Persönliche Weiterentwicklung und Wohlbefinden**

Minimalismus fördert nicht nur äußere Veränderungen, sondern auch die innere persönliche Weiterentwicklung. Durch die Reduktion von Ablenkungen und den Fokus auf das Wesentliche können Menschen mehr Klarheit und Frieden in ihrem Leben finden. Achtsamkeit und Selbstreflexion werden zu zentralen Elementen eines minimalistischen Lebensstils und tragen zu einem höheren Wohlbefinden und einer besseren mentalen Gesundheit bei.

Zukunftsperspektiven des Minimalismus umfassen somit auch eine stärkere Integration von Achtsamkeitspraktiken und mentalem Wohlbefinden in den Alltag. Programme und Workshops, die diese Themen adressieren, werden voraussichtlich an Bedeutung gewinnen und dazu beitragen, dass Menschen ein erfülltes und bewusstes Leben führen können.

Der Minimalismus hat das Potenzial, sowohl individuell als auch gesellschaftlich tiefgreifende Veränderungen zu bewirken. Durch bewussten Konsum, nachhaltige Lebensstile, technologische Innovationen und Veränderungen in der Arbeitswelt kann der Minimalismus zu einer gerechteren, umweltfreundlicheren und erfüllteren Zukunft beitragen. Die Herausforderungen der modernen Welt erfordern neue Ansätze und Denkweisen, und der Minimalismus bietet eine vielversprechende Perspektive für ein einfacheres, bewussteres und bedeutungsvolleres Leben. Indem wir die Prinzipien des Minimalismus in unser tägliches Leben integrieren, können wir nicht nur unsere eigene Lebensqualität verbessern, sondern auch einen positiven Beitrag zur Gesellschaft und der Umwelt leisten.

www.ingramcontent.com/pod-product-compliance
Lightning Source LLC
Chambersburg PA
CBHW050655250726
48662CB00002B/697